TODAS LAS MANERAS DE VER

EL SISTEMA SOLAR

Jane Walker

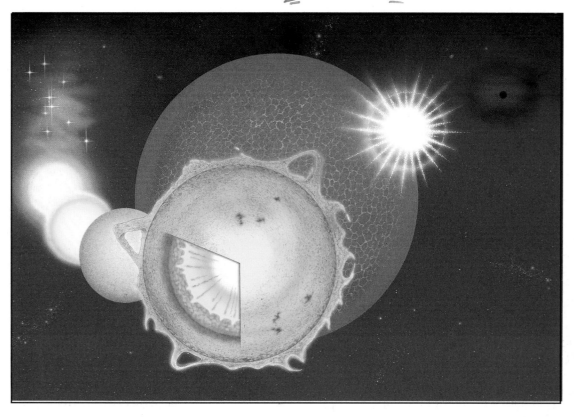

EDELVIVES

© Aladdin Books Ltd, 1994

Edición española:
© Editorial Luis Vives.
Zaragoza, 1995

Depósito legal: Z-2089-95
ISBN: 84-263-3172-6

Talleres gráficos: Edelvives
Tel. (976) 344100
Fax (976) 345971

INTRODUCCIÓN

¿Sabías que la Tierra es uno de los nueve planetas que giran alrededor del Sol? Estos planetas y el resto de los cuerpos celestes que giran alrededor del Sol constituyen el sistema solar. En este libro puedes averiguar muchas cosas interesantes acerca del Sol y sus planetas. Puedes aprender qué son en realidad las estrellas fugaces, las lunas y lo que se ve en el cielo por la noche. Diviértete haciendo nuestro test sobre el sistema solar y descubre algunos hechos asombrosos acerca del mismo.

CONTENIDOS

ORÍGENES DEL SISTEMA SOLAR

El sistema solar comenzó a formarse hace unos 5.000 millones de años, cuando una gigantesca nube de gas y polvo se condensó, empezó a girar deprisa, se calentó y brilló: era el Sol. Más tarde aparecerían los planetas.

Galaxias

Las galaxias son enormes familias de estrellas que pueblan el firmamento. El sistema solar es una pequeña parte de una galaxia llamada Vía Láctea. Los científicos han descubierto que hay millones de galaxias en el universo.

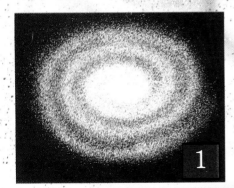

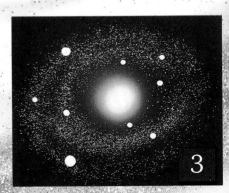

Fases

1. Una enorme nube de gas y de polvo gira sobre sí misma en el espacio.

2. Trozos de roca y polvo son atraídos al interior de la nube y forman una bola incandescente: el Sol.

3. Los restos de polvo y gas forman un anillo que gira alrededor del joven Sol.

4. Durante millones de años, el gas y el polvo de este anillo se fueron uniendo hasta dar lugar a los planetas.

La Vía Láctea

Nuestra galaxia, la Vía Láctea, probablemente sea tres veces más vieja que el sistema solar. Vista de lado, parece un disco plano y delgado con una protuberancia en el centro.

Si la miras desde abajo, parece una espiral. El sistema solar se encuentra al borde de la Vía Láctea (como aparece arriba). Si quieres ver la Vía Láctea, observa el cielo en una noche clara: descubrirás una tenue banda blancuzca entre las estrellas.

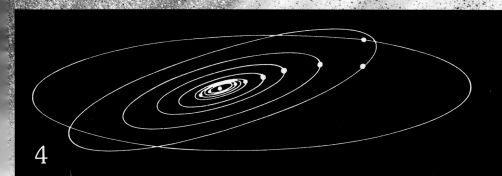

Todos los PLANETAS del sistema solar viajan alrededor del Sol describiendo círculos regulares llamados órbitas.

4

¿QUÉ ES EL SISTEMA SOLAR?

MERCURIO

VENUS

TIERRA

MARTE

La palabra «solar» se refiere a todo lo que tiene que ver con el Sol. El sistema solar está formado por nueve planetas que giran alrededor del Sol. Tiene forma de disco plano y mide más de 12.000 millones de kilómetros de diámetro. Pequeños cuerpos celestes, como satélites, asteroides, cometas, rocas, y polvo cósmico, también forman parte del sistema solar.

Los planetas

Después del Sol, los objetos más grandes del sistema solar son sus nueve planetas (aunque uno de los satélites de Saturno es más grande que Mercurio). Partiendo del más cercano al Sol, tenemos: Mercurio, Venus, Tierra, Marte, Júpiter, Saturno, Urano, Neptuno y Plutón. Aunque Mercurio es el más próximo al Sol, lo separan de él 58 millones de kilómetros. Plutón, el planeta más pequeño, y el más alejado, se encuentra a unos 5.900 millones de kilómetros del Sol.

JÚPITER

Haz un planeta móvil

Calca sobre un cartón duro los planetas que hay en esta página, recórtalos y coloréalos. Para hacer el Sol, pega un semicírculo grande de cartulina a la parte más ancha de una percha. Usa hilo de algodón para colgar los planetas a la percha. La longitud de los trozos de hilo será distinta según la distancia a que cada planeta se encuentre del Sol. Mercurio colgará del hilo más corto, y Plutón del más largo.

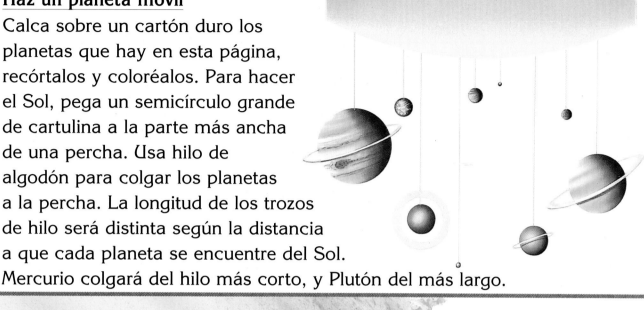

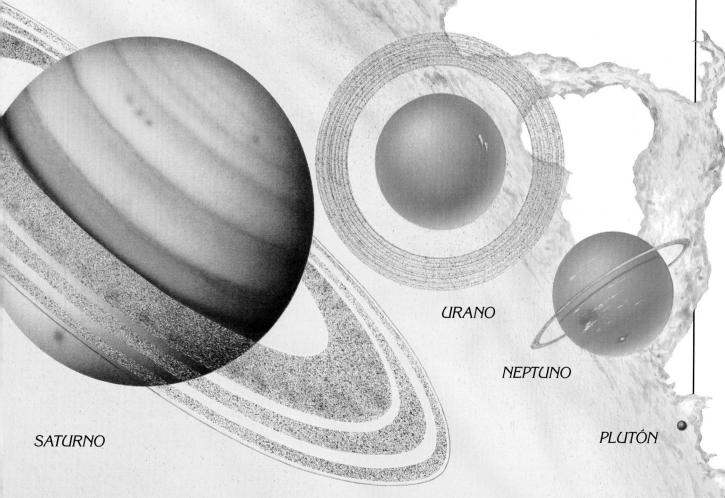

SATURNO

URANO

NEPTUNO

PLUTÓN

EL SOL

El Sol es una enorme bola de gases incandescentes. En su interior, la temperatura puede llegar a 15 millones de grados centígrados. El Sol es mucho más grande que cualquier planeta del sistema solar. Desprende enormes cantidades de energía. Parte de ésta llega a la Tierra en forma de luz y calor.

Núcleo de HELIO e HIDRÓGENO.

Nacimiento

El Sol se formó a partir de nubes de polvo y gas que había en el espacio (ver página 5). En su corazón, o núcleo, hay millones de toneladas de un gas llamado hidrógeno, que, al calentarse, se transforma en otro llamado helio. Esto supone una reacción nuclear que desprende grandes cantidades de energía.

ENANA BLANCA

El Sol se convertirá en un GIGANTE ROJO.

Muerte de una estrella

Dentro de unos 5.000 millones de años, el Sol se hinchará y se calentará aún más: se convertirá en un gigante rojo. Luego, irá encogiéndose y enfriándose hasta convertirse en una enana blanca, en una estrellita apagada.

Reloj de sol

Un reloj de sol es una simple clase de reloj (derecha). Puedes hacerte uno poniendo un poco de arcilla en el centro de un gran círculo de cartulina y pinchando un lápiz sobre la arcilla. Pon tu reloj donde le dé el Sol, y la sombra te indicará qué hora es.

LOS PLANETAS TELÚRICOS

Los planetas telúricos: Mercurio, Venus, Tierra y Marte, son los cuatro planetas más cercanos al Sol. También se les llama planetas rocosos, porque todos ellos están compuestos de rocas y metales. Aunque tienen diferentes tamaños, estos planetas son mucho más pequeños que los gigantes gaseosos Júpiter y Saturno.

Mercurio

Mercurio es el planeta más próximo al Sol. En él no hay aire ni agua, y su temperatura es insoportable. Su superficie está cubierta de polvo y rocas.

Venus

La atmósfera de Venus es irrespirable, pues está cargada de dióxido de carbono y hay nubes espesas de ácido sulfúrico. En la superficie es probable que tenga grietas profundas y volcanes activos.

Vista desde el espacio, la TIERRA parece una bola azul con nubes blancas girando a su alrededor.

Marte

La mayor parte de Marte está cubierta
de rocas rojas y polvo. Si observas
el planeta a través de un telescopio,
verás manchas blancas en
la superficie: son sus casquetes
polares (derecha), que se
parecen al polo Norte y al polo
Sur de la Tierra. Marte también
tiene cráteres y enormes
volcanes apagados.

Tierra

La Tierra es el único planeta del
sistema solar donde sabemos que hay
vida. Los seres vivos existen en la Tierra
porque nuestro planeta tiene agua, aire
respirable y temperaturas idóneas. Ningún
otro planeta del sistema solar reúne
estas tres condiciones.

Alienígenas

¿Crees que hay vida más allá de la Tierra?
¿Cómo imaginas que pueden ser las
criaturas del espacio exterior? La palabra
«alienígena» se refiere a una criatura de otro
planeta. Libros y películas como *E.T.* han
intentado mostrar cómo podrían ser
estas criaturas. Usa tu imaginación
y diseña tu propio alienígena.

LOS PLANETAS GIGANTES

Júpiter y Saturno son los dos planetas más grandes del sistema solar, y los que a más velocidad giran sobre sí mismos. Van tan deprisa que se abomban en su ecuador. Estos dos planetas son enormes bolas de líquido y gas, y no tienen una superficie sólida que permita a las naves espaciales aterrizar en ellos. Sin embargo, una sonda americana podría aterrizar en uno de los anillos de Saturno poco después del año 2000.

Júpiter

Júpiter es tan grande que su masa sobrepasa la de todos los demás planetas juntos. Tormentas violentas y nubes con bandas de colores rodean su superficie. La «gran mancha roja» de Júpiter es un gran torbellino de nubes que giran a su alrededor.

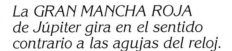

Los ANILLOS DE SATURNO están formados por millones de trozos de hielo y polvo.

La GRAN MANCHA ROJA de Júpiter gira en el sentido contrario a las agujas del reloj.

Saturno

Como Júpiter, Saturno es una gigantesca bola de gas. Está rodeado por muchos anillos brillantes. Cada anillo está formado, a su vez, por miles de pequeños anillos. Saturno tiene al menos 18 satélites. El mayor, Titán, es incluso más grande que el planeta Mercurio.

JÚPITER era el rey de todos los dioses romanos.

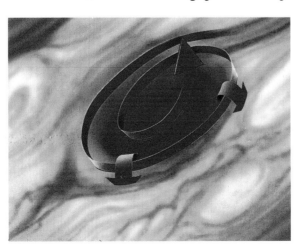

La sonda espacial VOYAGER lleva discos llamados «sonidos en la Tierra», por si acaso alguna vez los oyen los alienígenas.

MARTE

Nombre de los planetas

¿Sabías que los griegos y los romanos dieron a los planetas los nombres de sus dioses? Júpiter era el rey de todos los dioses romanos; Marte, el dios de la guerra; y Mercurio, el rey de los viajeros, era el mensajero de los dioses. El dios romano de la agricultura era Saturno. ¿Puedes averiguar qué otros planetas recibieron el nombre de otros dioses?

MERCURIO

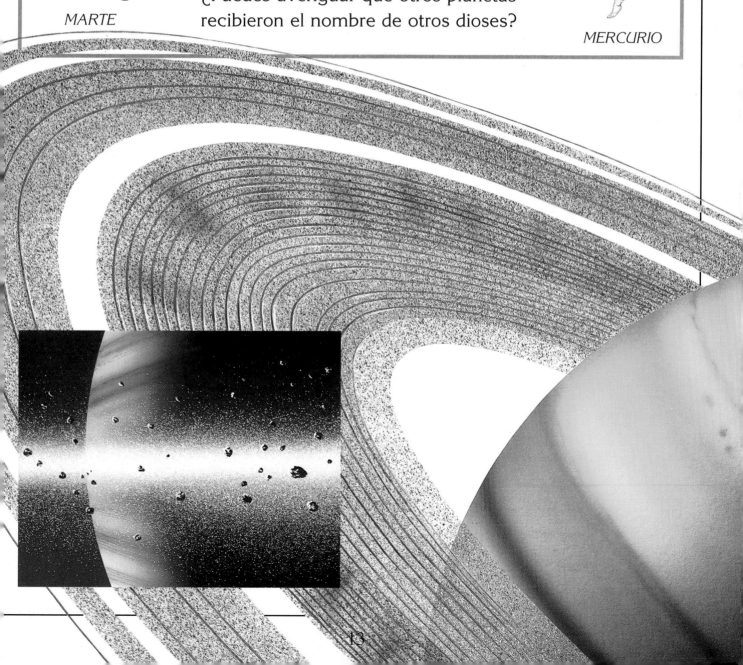

PLANETAS EXTERIORES

Los tres planetas más alejados del Sol son Urano, Neptuno y Plutón. Urano y Neptuno son bolas gigantes de gas. Los gases que forman Plutón están congelados, porque este planeta apenas recibe calor. Plutón es el planeta más lejano del Sol, y el más pequeño del sistema solar. Para poder ver estos tres planetas, necesitas un telescopio.

La sonda espacial Voyager 2 *descubrió once* ANILLOS *finos alrededor de Urano.*

TITANIA

OBERÓN

Urano

Urano fue descubierto, en 1781, por el astrónomo inglés William Herschel. Es un planeta singular, porque está inclinado de tal manera que gira sobre sus lados como si gravitara alrededor del Sol. Está formado por un pequeño núcleo rocoso y gases congelados, y lo envuelven nubes verdeazuladas. Titania, Oberón y Puck son tres de sus quince satélites.

PUCK

Astrónomos famosos

El astrónomo de la Grecia antigua Tolomeo creía que el Sol y sus planetas viajaban alrededor de la Tierra. En 1543, un monje polaco llamado Copérnico dijo que el Sol, y no la Tierra, estaba en el centro del universo. El astrónomo italiano Galileo (derecha) fue la primera persona que estudió el cielo de noche usando un telescopio.

14

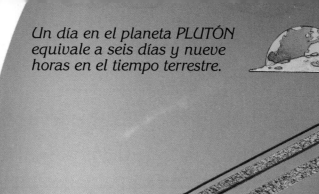

Neptuno

Neptuno está rodeado de densas nubes azules y de anillos oscuros. Como Júpiter, tiene en su superficie una «gran mancha oscura». Además, una nube blanca, llamada *Scooter,* gira a su alrededor a gran velocidad.

TRITÓN es uno de los satélites de Neptuno.

PLUTÓN

Plutón

Plutón, el planeta más pequeño del sistema solar, fue descubierto por el astrónomo americano Clyde W. Tombaugh, en 1930. Plutón es el único planeta que penetra en la órbita de otro planeta (Neptuno). Está tan alejado del Sol que la temperatura en su superficie puede alcanzar los –220 °C, más del doble de frío que en los lugares más gélidos de la Tierra.

SATÉLITES, O LUNAS

En el sistema solar hay por lo menos 60 satélites. El más estudiado, y uno de los más grandes, es el de la Tierra: la Luna. La mayoría de los planetas tienen una o más lunas, aunque Saturno tiene 18. Mercurio y Venus son los dos únicos planetas que no tienen ninguna luna.

¿Qué es un eclipse?

Un eclipse de Sol (arriba) tiene lugar cuando la Luna pasa por delante del Sol, cortándole su luz a la Tierra. Los eclipses de Luna son mucho más comunes. Se producen cuando la Tierra se sitúa entre el Sol y la Luna, de tal manera que la Luna se queda a la sombra de la Tierra.

El aspecto de la Luna

¿Has oído hablar del aspecto de la Luna? Algunas personas dicen que las manchas oscuras que hay en la superficie lunar se asemejan a la cara de un hombre. Otros creen ver a una bella mujer, a un gato, a un ratón, e incluso a una rana. ¿Qué formas ves tú cuando miras la Luna?

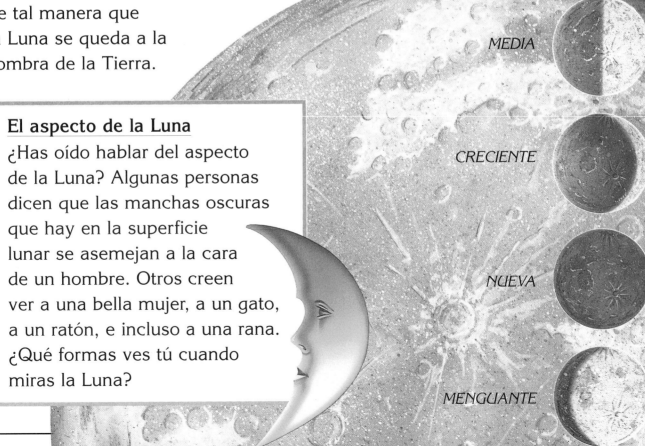

LLENA

MEDIA

CRECIENTE

NUEVA

MENGUANTE

CALISTO

TITÁN

EUROPA

ÍO

GANÍMEDES

Satélites naturales

Un satélite natural es un cuerpo celeste que gira alrededor de un planeta. Titán, la más grande de las 18 lunas de Saturno, es poco común, porque tiene su propia atmósfera. Las lunas de Júpiter poseen superficies muy diferentes: Ío es muy rocosa y tiene volcanes activos; sin embargo, Europa es llana y está helada. La superficie de Calisto está cubierta con miles de cráteres. Ganímedes, la luna más grande del sistema solar, tiene cráteres y ranuras de cientos de kilómetros.

*MIMAS es una de
las 18 lunas de Saturno.*

El satélite de la Tierra

Sabemos más sobre nuestra luna que sobre ningún otro sitio del sistema solar (aparte de la Tierra). Está formada por rocas y no tiene ni aire ni agua. En su superficie hay cerros, montañas, llanuras y cráteres. Desde nuestro planeta observamos sus distintas «fases» (izquierda), que ocurren porque nosotros sólo vemos la parte de la Luna iluminada por el Sol a medida que ésta gravita alrededor de la Tierra.

Estrellas fugaces

Las estrellas fugaces no son realmente estrellas. Son rayos de luz que aparecen en el cielo por las noches. Otro nombre con el que se las conoce es meteoros. Éstos se forman cuando trozos de roca, hierro y polvo cósmico se queman en la atmósfera terrestre, produciendo estelas luminosas.

Cuando los ASTEROIDES colisionan, se fragmentan en trozos de roca y hierro.

Meteoritos

Los meteoritos son los trozos de roca y hierro del espacio que chocan con la superficie terrestre. Esto ocurre porque son demasiado grandes para quemarse en la atmósfera terrestre. Los enormes meteoritos que aterrizaron en la Tierra hace miles de años crearon gigantescas abolladuras llamadas cráteres.

Lluvia de meteoros

Cuando la Tierra atraviesa una estela de polvo dejada por un cometa (ver página 20), vemos una lluvia de meteoros. En la noche de 1966, en tan sólo veinte minutos, alumbraron el cielo más de 46.000 meteoros. Fue una de las más grandes lluvias de meteoros nunca vistas.

El METEORITO más grande del mundo, encontrado en Namibia (África), pesaba más de 60 toneladas.

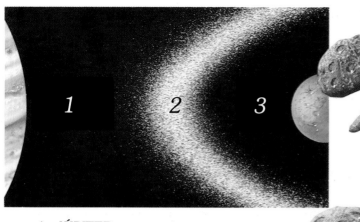

1. JÚPITER
2. CINTURÓN DE ASTEROIDES
3. MARTE

Éstos son sólo algunos de los miles de asteroides que componen el CINTURÓN DE ASTEROIDES.

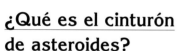

CERES

¿Qué es el cinturón de asteroides?

Los asteroides son grandes rocas que circulan por el espacio formando un cinturón. El cinturón de asteroides se encuentra entre Marte y Júpiter, y contiene más de 4.000 asteroides. Ceres, que es el asteroide más grande, mide más de 900 kilómetros de diámetro.

Mirando por el telescopio

Usamos el telescopio para ver cosas apenas perceptibles que están muy lejos, en el espacio. Un telescopio recoge la luz de un cuerpo celeste, como, por ejemplo, un planeta, y luego amplía la imagen de dicho cuerpo. Los telescopios reflectores tienen espejos curvados para recoger la luz. El primer telescopio reflector fue creado, en 1669, por Isaac Newton, un famoso científico inglés.

Uno de los grandes meteoritos, CRÁTER, está en Arizona, EE.UU. Su altura es de 175 metros y tiene más de un kilómetro de diámetro.

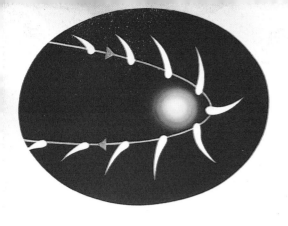

¿QUÉ SON LOS COMETAS?

Los cometas se encuentran en las partes más recónditas del sistema solar. Son como enormes bolas de nieve sucia. Los científicos creen que puede haber millones de ellos en el espacio. Algunos cometas describen órbitas largas y tardan cientos, o incluso miles de años en viajar alrededor del Sol.

La cola de un cometa

Detrás de la cabeza de un cometa hay una larga cola de polvo y gas que siempre se sitúa en dirección opuesta al Sol. A medida que los cometas se aproximan al Sol, se agrandan y brillan más.

El cometa Halley

Uno de los cometas más conocidos es el que recibió el nombre del astrónomo inglés Edmond Halley, quien, por primera vez, lo vio en 1682. El cometa Halley tarda 76 años en girar alrededor del Sol. En 1986 pasó cerca de la Tierra y se espera que regrese en el 2062.

En 1986, la sonda espacial GIOTTO volvía con muchas fotografías del cometa Halley.

EDMOND HALLEY

El tapiz de Bayeux

El tapiz de Bayeux es una pieza de lino muy larga en la que se han bordado muchos dibujos de gran colorido. En él se cuenta la historia de cómo los normandos (de Francia) invadieron y conquistaron Inglaterra en el 1066. En uno de los dibujos del tapiz se puede ver un cometa en el cielo. Los científicos creen que debió de tratarse del cometa Halley.

El núcleo

El centro, o núcleo, de un cometa contiene hielo, gases congelados y trozos de roca y polvo. A medida que el cometa se aproxima al Sol, se forma una nube de gases alrededor del núcleo. Aunque el núcleo normalmente sólo mide unos pocos kilómetros de diámetro, la nube de gases que lo envuelve puede alcanzar más de un millón de kilómetros.

NÚCLEO

HIELO

CORTEZA EXTERIOR

Se han lanzado cientos de naves espaciales para explorar el sistema solar. La mayoría de ellas no llevan astronautas (izquierda) y son controladas por robots y ordenadores. Estas naves sin tripulantes se llaman sondas espaciales. Algunas sobrevuelan los planetas lejanos y envían fotografías a la Tierra. Otras aterrizan en ellos para recoger muestras de rocas o para estudiar las condiciones meteorológicas.

Humanos en el espacio

En julio de 1969, por primera vez en la historia de la humanidad, una persona pisaba la Luna. Fue el astronauta americano Neil Amstrong.

URANO, 1986

La sonda espacial VOYAGER 2 ha recorrido más de 7.000 millones de kilómetros en el espacio. Ha sacado fotos de Júpiter, de Saturno, de Urano (arriba) y de Neptuno.

NEPTUNO, 1989

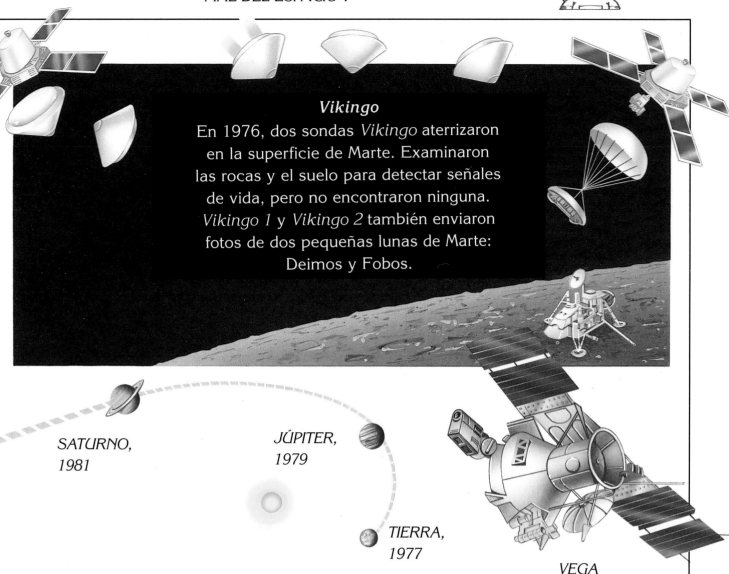

Vikingo

En 1976, dos sondas *Vikingo* aterrizaron en la superficie de Marte. Examinaron las rocas y el suelo para detectar señales de vida, pero no encontraron ninguna. *Vikingo 1* y *Vikingo 2* también enviaron fotos de dos pequeñas lunas de Marte: Deimos y Fobos.

SATURNO, 1981

JÚPITER, 1979

TIERRA, 1977

VEGA

Haz un cohete-globo

Hincha un globo alargado y ciérralo bien. Pégale una pajita y mete en ella un trozo de cordón de nailon. Ata cada uno de los extremos a algún mueble. Deshaz el nudo del globo y observa cómo vuela tu cohete.

Sondas espaciales

Mariner 2 fue la primera sonda que alcanzó un planeta, al volar cerca de Venus en 1962. Veinte años después, las sondas soviéticas *Vega 1* y *Vega 2* lanzaron globos en la atmósfera de Venus. Dos sondas *Pioneer* y dos *Voyager* están viajando a los límites del sistema solar para explorar lo que hay más allá de Plutón.

EL CIELO DE NOCHE

¿Qué puedes ver?

Si miras al cielo, Venus es el planeta que más brilla. Se le llama «lucero del alba», porque es el primero en encenderse por la noche y el último en apagarse en la mañana. A Marte se le conoce como «el planeta rojo» por su color rojizo. Puedes distinguir estos dos planetas con sólo abrir bien los ojos, pero los verás mucho mejor si usas unos prismáticos o un telescopio.

¿Sabes cómo encontrar los planetas en el cielo? Primero debes elegir una noche clara: los verás mucho mejor. Aparecerán cientos de estrellas centelleantes entre las que están los planetas. Éstos brillan con una luz más estable que las estrellas, porque están mucho más cerca de la Tierra. Los planetas más fáciles de observar son Venus, Marte, Júpiter y Saturno.

En 1623, el astrónomo italiano GALILEO fue enviado a prisión porque dijo que la Tierra se movía alrededor del Sol.

SATURNO

MARTE

VENUS

LUNA

Formas de las estrellas

Hay grupos de estrellas que por la noche dibujan diversas formas en el cielo. Son las constelaciones. Aunque hay muchas, desde el hemisferio norte las más claras son la Osa Mayor (derecha) y Orión (izquierda). Desde el hemisferio sur se aprecian cuatro estrellas brillantes que forman la famosa constelación Cruz del Sur. Pero también puedes ver la Osa Mayor y Orión, aunque invertidas.

DATOS SOBRE LOS PLANETAS

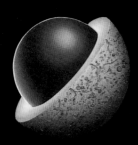

VENUS
Distancia del Sol:
108 millones de km.
Diámetro: 12.104 km.
Número de lunas: 0.
Duración de un año:
225 días terrestres.
Estructura: rocoso, con un núcleo de metal rico en hierro.
Temperatura: 480 °C.

TIERRA
Distancia del Sol:
150 millones de km.
Diámetro: 12.756 km.
Número de lunas: 1.
Duración de un año:
365 días terrestres.
Estructura: núcleo metálico rodeado de roca.
Temperatura: de –90 °C a 58 °C.

MERCURIO
Distancia del Sol:
58 millones de km.
Diámetro: 4.878 km.
Número de lunas: 0.
Duración de un año:
88 días terrestres.
Estructura: bola de roca con un núcleo de hierro.
Temperatura: de –173 °C a 427 °C.

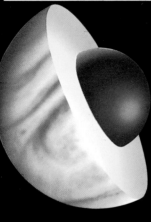

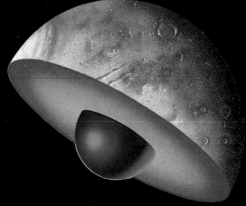

○ SOL
○ MERCURIO
○ VENUS
⊙ TIERRA
○ MARTE
— CINTURÓN DE ASTEROIDES
○ JÚPITER
○ SATURNO
○ URANO
○ NEPTUNO
○ PLUTÓN

MARTE
Distancia del Sol:
228 millones de km.
Diámetro: 6.796 km.
Número de lunas: 2.
Duración de un año:
687 días terrestres.
Estructura: bola rocosa con un núcleo rico en hierro.
Temperatura: de –143 °C a 17 °C.

JÚPITER
Distancia del Sol:
778 millones de km.
Diámetro: 142.984 km.
Número de lunas: 16.
Duración de un año:
4.333 días terrestres.
Estructura: pequeño núcleo rocoso rodeado de líquido y gases.
Temperatura: –150 °C.

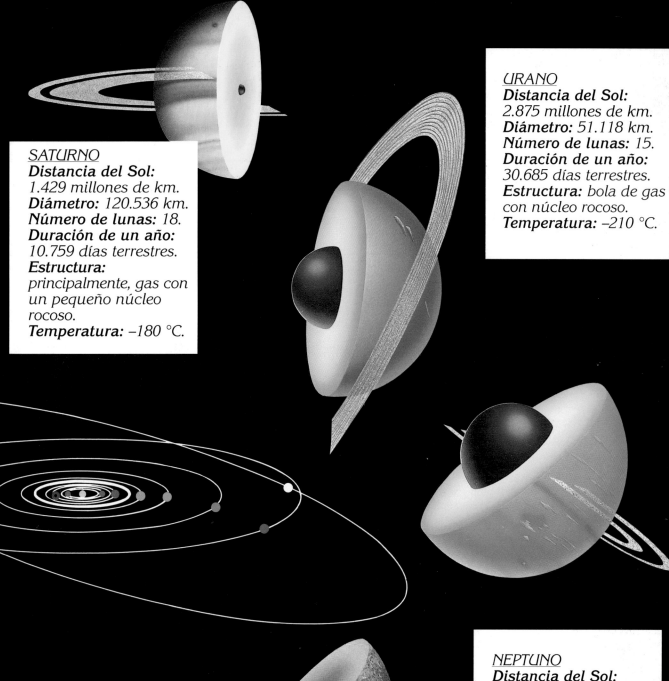

SATURNO
Distancia del Sol:
1.429 millones de km.
Diámetro: 120.536 km.
Número de lunas: 18.
Duración de un año:
10.759 días terrestres.
Estructura:
principalmente, gas con
un pequeño núcleo
rocoso.
Temperatura: –180 °C.

URANO
Distancia del Sol:
2.875 millones de km.
Diámetro: 51.118 km.
Número de lunas: 15.
Duración de un año:
30.685 días terrestres.
Estructura: bola de gas
con núcleo rocoso.
Temperatura: –210 °C.

NEPTUNO
Distancia del Sol:
4.497 millones de km.
Diámetro: 49.500 km.
Número de lunas: 8.
Duración de un año:
60.190 días terrestres.
Estructura: bola de gas
con núcleo de metal.
Temperatura: –214 °C.

PLUTÓN
Distancia del Sol:
5.913 millones de km.
Diámetro: 2.300 km.
Número de lunas: 1.
Duración de un año:
90.800 días terrestres.
Estructura: bola de
roca y hielo.
Temperatura: unos
–220 °C.

TEST SOBRE EL SISTEMA SOLAR

¿Cuánto sabes acerca del sistema solar? ¿Puedes recordar qué es una estrella fugaz? ¿Qué planeta tiene 18 lunas girando a su alrededor? A continuación te presentamos un test sobre el sistema solar, para que compruebes cuánto has aprendido. Los dibujos te ayudarán a encontrar la respuesta acertada. Con este test, puedes poner a prueba los conocimientos de tus amigos. Las respuestas a todas las preguntas están en este libro.

1. ¿EN QUÉ PLANETA ENCONTRARÍAS LA GRAN MANCHA ROJA?

2. ¿QUÉ ES EL CINTURÓN DE ASTEROIDES?

3. ¿QUÉ NAVE ESPACIAL ENVIÓ FOTOS DEL COMETA HALLEY EN 1986?

4. ¿QUIÉN FUE LA PRIMERA PERSONA EN PISAR LA LUNA?

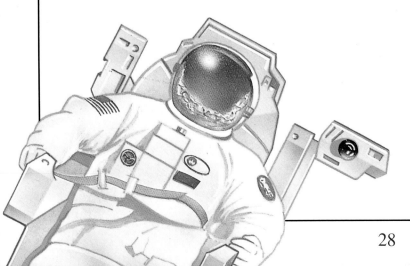

5. ¿CUÁL ES EL NOMBRE DE ESTA CONSTELACIÓN?

6. ¿CÓMO SE LLAMA NUESTRA GALAXIA?

7. ¿QUÉ ES UN
GIGANTE ROJO?

9. ¿CUÁL ES EL PLANETA MÁS PEQUEÑO
DEL SISTEMA SOLAR?

8. ¿QUÉ PLANETA RECIBIÓ
EL NOMBRE DEL DIOS ROMANO
DE LA AGRICULTURA?

MÁS HECHOS ASOMBROSOS

El TELESCOPIO ÓPTICO, en Hawai, tiene una capacidad de visión 200 millones de veces superior a la del ojo humano.

La temperatura es ocho veces más alta en VENUS que en el lugar más caluroso de la Tierra.

Bélgica entera podría caber dentro del CRÁTER BAILLY, el más grande de la Luna.

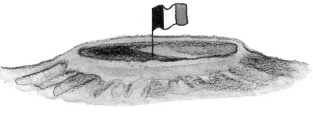

Los «MARES» de la Luna son grandes llanuras rocosas que no contienen agua.

SATURNO es tan ligero que podría flotar en el agua.

Una compañía japonesa está planeando construir, para el año 2020, un HOTEL en el espacio.

El ECLIPSE de Sol más largo, que tuvo lugar en junio de 1955, duró 7 minutos y 8 segundos.

Glosario

ASTEROIDE: objeto rocoso del sistema solar que gira alrededor del Sol. También se le conoce como «planeta menor».

ATMÓSFERA: mezcla de gases que rodean un planeta.

CONSTELACIÓN: grupo de estrellas que, por la noche, forman un dibujo en el cielo. Como la Tierra gira, parece que las constelaciones se mueven cada noche.

CRÁTER: gran abolladura en la superficie de un planeta o de una luna.

ECUADOR: línea imaginaria que divide un planeta en dos mitades desde su círculo máximo.

ESTRELLA: bola de gas incandescente que desprende mucha luz y mucho calor. El Sol es una estrella.

GALAXIA: enorme familia de estrellas, planetas y otros cuerpos celestes.

GIGANTE ROJO: estrella enorme cuyo suministro de combustible casi se ha agotado.

GRAVITAR: moverse un cuerpo por atracción de otro. Ir y venir de los astros describiendo órbitas. Girar alrededor de algo.

METEORITO: trozo de roca o de metal proveniente del espacio que choca con la superficie terrestre.

METEORO: fenómeno luminoso que se produce cuando un trozo de roca o de hierro, procedentes del espacio, se queman en la atmósfera terrestre. También se le llama «estrella fugaz».

NÚCLEO: parte central de la cabeza de un cometa, y parte interior de un planeta.

PLANETA: cuerpo celeste no luminoso por sí mismo y que gira alrededor del Sol.

SATÉLITE: cuerpo celeste u objeto que se mueve alrededor de un planeta. Por ejemplo, la Luna o una nave espacial.

SONDA ESPACIAL: vehículo sin tripulantes a bordo que explora el espacio.

UNIVERSO: todas las cosas que existen, incluyendo el sistema solar, la Vía Láctea y todas las demás galaxias del firmamento.

VÍA LÁCTEA: galaxia en la que se encuentra el sistema solar. En una noche oscura puede verse como una tenue banda blancuzca que recorre el cielo.

ÍNDICE